全国"十二五"教育部重点课题
上海市教育综合改革项目
杨浦区"生命教育一体化"项目

U0619889

生涯教育系列课程读本

启梦

——我的生涯早知道

倪京凤　徐向东　楼蓓芳　主编

上海教育出版社
SHANGHAI EDUCATIONAL
PUBLISHING HOUSE

编 委 会

主　任：邵志勇

副主任：朱　萍　徐佑翔　张海森

主　编：倪京凤　徐向东　楼蓓芳

编　委：（按照姓氏笔画排列）

　　　　王艳君　许　洁　刘群英　陈　欣

　　　　杨俊晨　徐　芳　徐　琳　徐慕华

　　　　黄　蕴　傅文婷　褚雯黎　蔡秋红

序　言

生命是上天赐予我们最丰盛的礼物。

教育是积极促进个体生命自我成长的活动，是使人的生命不断丰富、提升、完善的过程。

生命教育追求的是培养学生成为认识与了解生命、珍爱与享受生命、提升与完善生命的个体，以促进其生命素养的发展。让每一个人都成为"我自己"，都能最终实现"我之为我"的生命价值。既关乎人的生存与生活，也关乎人的成长与发展，更关乎人的本性与价值。

2014年，杨浦区全面启动"学校生命教育区域试点工作"，探索生命教育开展的新途径、新方法。几年来，杨浦区的"生命教育"几乎影响到了全区每一个中小学生，我们以责任与坚守努力让"生命教育一体化"这颗种子在杨浦这片土壤上茁壮成长。

研究中我们发现，生命教育涵盖着多重主题的教育实践领域，是地方课程与学校校本课程开发与建设的重要主题和领域。而生命教育课程化是一种普及面广、可操作性强的有效载体。为此，我们致力于研发一套完整性、连贯性、层次性兼备的《生命教育系列丛书》，与已有课程相互配合，搭建从肯定、珍惜个人自我生命价值，到他人、社会乃至自然、宇宙生命的互动与伦理关系等有机渗透的课程内容。引导学生在"天、人、物、我"四者正确、和谐、平衡的关系中，认识生命的本质、意义及价值，建立尊重、珍惜、关怀生命的理念。

丛书凝聚着全体编写人员的心血与智慧，对于推动我区生命教育一体化项目将有着重要的价值。

我们期待丛书能成为学校、家庭、社会开展生命教育的参考读本，祝福我们的学生、老师和家长能从中受益良多，获得历久弥新的生命启迪。

邵志勇

目 录

1. 我和小伙伴

爱人者，人恒爱之；敬人者，人恒敬之。

——孟子

👀 童眼观世界

"出板报啦！出板报啦！"一位同学大声喊道。我们一群同学围过去问个究竟，这期板报的主题是"爱护动物"。我们分工合作，由米粒写大标题，我和艾丽画插图，瑶瑶抄文章。开始我们不知该让谁先做什么，乱干一通，结果画没画好，字也没写好，整个黑板上乱七八糟的。我看这样不行，把他们叫到一边说："你先写大标题，你再开始抄文章，我们最后画图，免得打乱仗。"话音刚落，米粒爬上桌子，开始写标题。标题写好后，我把资料交给瑶瑶，让她抄到黑板上。一抄完，我和艾丽就开始画图，我画了一个小熊，艾丽画了一只海豚，我们很快就把工作做完了。漂亮的板报呈现在大家面前，每个人都露出了满意的笑容。

亲爱的同学，看了这个故事你有什么感想？在学校里你是怎样和小伙伴相处的呢？

问号多米诺

什么是人际关系？

人际关系是指人与人在相互交往过程中形成的心理关系。

有哪些人际关系？

小朋友，在学校里，我们首先要懂得如何和小伙伴保持良好的关系。

 如何维持和小伙伴的关系呢？

伙伴之间

1. 手工课上，我没有带剪刀，问小伙伴借。

2.

3.

4.

 活力特工队

记一记　同学全记录

小朋友，你了解你的小伙伴吗？请对同学进行小访问，尝试填写下表。

	姓名	年龄	生日	爱好	
同学 1					
同学 2					
同学 3					
同学 4					
同学 5					

你能单独完成吗？可以和小伙伴一起完成表格。

贴一贴　拍摄班级集体照

小朋友，和全班同学拍摄一张班级集体照，并贴在框内。

我们一天天在长大，每年拍一张班级集体照是个不错的选择哦！

访一访　优点来发现

小朋友，请选择一位同学，找找他身上的优点，并完成下表。

被访问人姓名	
他（她）的优点	

聪明智多星

　　生活中，我们会和各种人交往，有血缘关系的家人，有教你知识本领的老师，有和你同窗共读的同学等。在未来，我们还会结识更多的人，如同事、领导、伴侣等。不管是怎样的人际关系，真诚待人，别人同样会真诚待你。

巧思碰碰车

我想对小伙伴说：

_____

_____

_____

_____

_____

遨游梦秀场

1.《听见颜色的女孩》，莎朗·德蕾珀，接力出版社（2012 年）

2.《疯狂学校》，古特曼，吉林出版集团有限责任公司（2009 年）

3.《窗边的小豆豆》，黑柳彻子，儿童文学出版社（1981 年）

2. 我是小达人

因为改变不了过去，你只能去创造未来。

——李东生

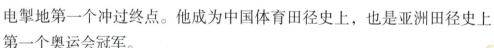

童眼观世界

　　刘翔少年时，体校的顾教练发现他的身体素质非常出众，便将他招入名下练习跳高。但横杆在快速提高一段时间后，再提高却变得困难起来。刘翔很着急，就给自己加练，他想用更加刻苦的训练来提升自己的成绩。可一段时间后，横杆的提升高度还是微乎其微。顾教练无奈地表示："你的腿如果再长五厘米就好了。"刘翔因自身的不足非常痛苦，但他又不得不接受这个现实。

　　此时，跨栏运动的教练——孙教练却看上他了。用孙教练的话说，跨栏选手需要胆量，很多人看到1米多高的栏横在眼前就不敢过，而刘翔有这样的胆量，再就是从他跳高时的表现看，刘翔的速度和爆发力很出色，适合这项运动。就这样，刘翔改行了。

　　2004年雅典奥运会110米跨栏赛场，刘翔羚羊般地跨越一个又一个横栏，风驰电掣地第一个冲过终点。他成为中国体育田径史上，也是亚洲田径史上第一个奥运会冠军。

　　亲爱的同学，读完故事，你觉得刘翔是一个传奇吗？其实每一个人都有自己的特点，每一个人都可以发扬自己的长处，创造自己的奇迹。

问号多米诺

什么是认识自我?

认识自我就是对自己有初步的认识和评价。

知道自己的身体发育状况和承受能力。

对自己的兴趣、爱好、性格、能力等有一定了解。

知道自己的长处和短处。

 有什么办法认识自己？

1. 通过自我的观察和反思来认识自己。

2. 通过别人的态度和评价来了解自己。

3. 借助活动成果来认识自己。

4. 借助各种心理测试来了解自己。

 活力特工队

玩一玩　会说话的"小魔镜"

《白雪公主》里的魔镜会说话，在这个游戏里，也会出现会说话的"小魔镜"。

规则：

1. 每两个同学一组，分别扮演"小魔镜"和照镜子的人。

2. 照镜子的同学询问"小魔镜"自己有什么特点。

3. "小魔镜"回答。互换角色继续。

选一选　才能竞聘

现在你正在招聘会现场，你会依据自身的特点去哪里应聘呢？

贝多芬音乐厅
能力要求：具有感受、辨别、记忆、表达音乐的能力。

莫言文学馆
能力要求：具有对语言的掌握和灵活运用能力。

奥林匹克体育中心
能力要求：具有身体的协调、平衡能力，具备运动的力量、速度、灵活性等。

齐白石艺术馆
能力要求：具有对色彩、形状、空间位置等感受准确和表达精确的能力。

达尔文自然科学院
能力要求：具有辨别生物以及敏锐感知自然界其他特征的能力。

柯南侦探所
能力要求：具有认识、洞察和反省自身的能力。

 ## 聪明智多星

有的同学长得高，有的同学力气大，有的同学爱说笑，有的同学会唱歌，有的同学跑步快，有的同学很细心……所有这些组成了我们的集体。想一想，如果在我们的集体中，每个同学都没有了自己的特点，大家全都长成一个样，全都一个脾气、爱好，我们的集体一定十分乏味。正是因为千人千面，才使我们的世界丰富多彩，才使我们的集体生活充满了乐趣。因此，无论你是谁，你一定要把你的特点发挥出来。

 ## 巧思碰碰车

艾比是世界上最成功的科技公司的创始人，在他的办公桌上有五个带锁的抽屉，分别贴着财富、兴趣、幸福、荣誉、成功五个标签。艾比总是只带一把钥匙，而把其他四把钥匙锁在抽屉里，请问艾比带的是哪一把钥匙？

在揭示你的答案的同时，说说你为什么选择这个答案？

提示：你最感兴趣的事物，隐藏着你的人生小秘密。

 ## 遨游梦秀场

1.《圆顶怪杰》，崔西·弗恩，清华大学出版社（2015年）

2.《小男子汉心灵训练营》，金钟烈，现代出版社（2014年）

3.《大人孩子都能读懂的时间简史》，泡爸，湖南科学技术出版社（2015年）

3. 不一样的我

世上没有两片完全相同的树叶。

——莱布尼茨

童眼观世界

神奇的发夹

有一个女孩子，总觉得自己的长相普普通通，不讨别人喜欢，因此有一点儿自卑。一天，她偶尔在商店里看到一个漂亮的发夹，当她戴起它的时候，店里的顾客都说漂亮，于是她非常高兴地买下发夹，戴着它自信地回到了班里。

接着奇妙的事发生了。许多平日不太跟她打招呼的同学，纷纷来跟她接近，一些同学还约她一起去玩，原本内向的她，似乎一下子变得开朗、活泼了许多。

但放学回家后，她才发现自己头上根本没有戴什么神奇的发夹，原来她付钱后把发夹忘在了商店里。

亲爱的同学，你觉得是什么使别人改变了对她的态度？那个发夹真有那么神奇的力量吗？

问号多米诺

如何正确看待自己？

伸出你的右手，观察你的五根手指，想想它们有什么不同？

人的手指长短不一，但各有各的用处，缺一不可。对我们而言，不能因为缺点就否定自己。我们每个人都有自己独特的闪光点，我们都是独一无二的。

推荐你自己

用1—2句精短有力的话，将你的优点和特长描述出来，向班里的同学推荐自己。

_____

_____

_____

_____

活力特工队

填一填　自己眼中的我

同学们，请把自己对自己的评价写在下面。

玩一玩　同学眼中的我

每个同学在背后贴上一张 A4 纸，同学们自由走动，在其他同学背后的纸上写上你了解的他（她）的特点。

比一比　让自己更自信

同学对"自己眼中的我"和"同学们眼中的我"进行对比，了解自己的特点，保持自己的优势，让自己更自信。

聪明智多星

同学们，每个人都有各自的特点，关键在于自己是如何看待它们的。既要看到自己的优势，也要了解自身的弱点。要认识到没有人是完美的或是万能的，只有客观、全面、愉快地接受自我，才能更好地多角度认识自我，并在此基础上明确完善自我的努力方向。

巧思碰碰车

我该怎样给自己信心呢？

用正面、肯定的语句。
1. 在比赛前，用"我一定会成功"来代替"我会失败吗？"
2. 考试时，用"我很放松"来代替"我千万不能紧张"。

尽量使用现在时。
1. 用"我正在认真上课"来代替"我过一会儿就会认真上课"。
2. 用"我马上把这事办完"来代替"我会抽空把这事办完"。

每句都用"我"开头。
1. 用"我是一个自信的人"来代替"一个自信的人"。
2. 用"我的心情很好"来代替"心情好"。

坚持随时随地进行自我肯定。
1. 每次利用一分钟左右的时间来进行训练，训练时不断地、大声地说出自己的长处和期望达到的目标。
2. 坚持数周后逐渐养成习惯，并且受益。

遨游梦秀场

1.《我就是喜欢我》，马克思·维尔修思，湖南少儿出版社（2006年）
2.《假如给我三天光明》，海伦·凯勒，现代出版社（2010年）
3.《做最棒的自己》，乐多多，北京联合出版公司（2015年）

4. 情绪哈哈镜

能控制好自己情绪的人，比能拿下一座城池的将军更伟大。

——拿破仑

童眼观世界

　　苏格拉底是单身汉的时候，和几个朋友一起住在一间只有七八平方米的房间里，但他一天到晚总是乐呵呵的。有人问他："那么多人挤在一起，连转个身都困难，有什么可乐的？"苏格拉底说："朋友们在一块儿，随时都可以交换思想、交流感情，这难道不是很值得高兴的事儿吗？"

　　过了一段日子，朋友们一个个成了家，先后搬了出去。屋子里只剩下苏格拉底一个人，每天，他仍然很快活。那人又问："你一个人孤孤单单的，有什么好高兴的？"苏格拉底说："我有这么多书，一本书就是一个老师。和这么多老师在一起，时时刻刻都可以向它们请教，这怎能令人高兴呢！"

　　后来，那人遇到苏格拉底的学生柏拉图，他问："你总是那么快乐，可我却感到，你每次所处的环境并不那么好呀！"柏拉图说："决定一个人心情的，不在于环境，而在于心境。"

　　亲爱的同学们，读完故事，你觉得为什么面对同一个居住环境，别人总觉得不好，而苏格拉底却总觉得好呢？这个故事告诉我们怎样的道理呢？在生活中，你能不能像苏格拉底一样换个角度看问题，及时调整自己的情绪呢？

 ## 问号多米诺

亲爱的同学们，人们常见的情绪有喜、怒、哀、惧等，你知道下列图片表达的是哪种情绪吗？

_____ _____ _____ _____

你愿意处于哪种情绪状态？请画一幅自画像。

活力特工队

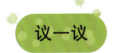

猜一猜

活动材料：写有表情的任务卡、表情卡。

活动过程：请每组组长根据抽到的卡做出相应的表情。请组员们将表情卡排序。正确率最高的一组为优胜组。

读一读

他山之石，可以攻玉

五年级学生小文在收到自己的素质报告册后闷闷不乐地回到家中。爸爸妈妈看着平时一直名列前茅的女儿考砸了的成绩，并没有责备她，但敏感的小文还是发现了爸爸妈妈眼中流露的失望。看着自己成绩单上的成绩，想起父母辛苦工作的情景，她一个人在卧室里哭了起来。哭着哭着，她想起了自己的好朋友小琳，就给小琳打电话告诉她自己考砸了的事。小琳和她约了一起去公园散步、放风筝。整个下午她们玩得很开心，她也逐渐从早上失落的情绪中解脱出来。晚上，她认真总结了考试失利的原因，制订了假期的学习计划，并写了一张纸条贴在自己的书桌前。纸条上写着："让伤心和失落远离我的世界，让快乐和成功装点我的生活。没有失败，只有离成功更近一点！小文加油！"

议一议

你知道小文是怎么调控自己的情绪的吗？

你还有什么好的方法和建议给小文呢？

想一想

　　当我们产生不良情绪时，需要及时进行疏导，有些疏导方法是积极的，有些疏导方法是消极的。同学们，你们能判断出下面方法中哪些是积极的，哪些是消极的吗？积极的画☺，消极的画☹。

聪明智多星

在我们的学习生活中，每天都会发生许多事情，有的会让我们开心、快乐，有的会使我们悲伤，有的使我们愤怒，还有的使我们沮丧、失望。我们当然希望每天都过得开心，但烦恼、失望总不可避免。管理好自己的情绪，是我们生活幸福、走向成功的关键。

巧思碰碰车

保持良好的心态。良好的心态是做一切事情的起点，如果在做事情之前就带有很重的得失情绪，那么往往会被情绪所掌控；如果有些人的心态并不怎么好，那么会很容易陷入情绪苦战。

进行自我疏导。当不良情绪来临时，要正视它，不用任何认为合理的理由来掩饰它的存在，同时将注意力转移到新的事物上去。知道自己现在能做什么、应该做什么，将注意力倾注于别的事物上去，顺其自然，一段时间后，会发现不好的情绪会不知不觉地消失了。

进行自我放松。当你感觉情绪不稳定时，可以使用自我意识放松的方法进行调节。

多运动、多锻炼。运动是一个很好的调节情绪的方式，很多人尤其是男生在自己情绪不稳定时，很愿意去打一场篮球或者去操场跑几圈，发泄一下自己的负面情绪。

通过理智来控制情绪。用理性控制自己，做情绪的主人。

遨游梦秀场

1.《最亲切的情绪课》，咸奎汀，青岛出版社（2014年）
2.《儿童情绪管理系列》，珂莱莉，青岛出版社（2012年）
3.《给孩子第一本情绪管理的书》，潘鸿生，北京工业大学出版社（2016年）

5. 喜欢做的事

学问必须合乎自己的兴趣，方才可以得益。

——莎士比亚

童眼观世界

爱迪生是举世闻名的电学家和发明家，为人类的文明和进步作出了巨大的贡献。

很小的时候，爱迪生就显露出了极强的好奇心，只要看到感兴趣的事情，他就非要问出个子丑寅卯来。

一天，他指着正在孵蛋的母鸡问妈妈："母鸡把蛋坐在屁股底下干什么呀？"妈妈说："哦，那是在孵小鸡呢！"下午，爱迪生突然不见了，家里人急得四处寻找，终于在鸡窝里找到了他。原来，他正蹲在鸡窝里，屁股下放了好多鸡蛋，在孵小鸡呢！父母看了以后，哭笑不得。

还有一次，他看见鸟儿在天空中自由飞翔，就想：既然鸟能飞，人为什么不能飞呢？于是，他找来一种药粉给小伙伴吃，想让小伙伴飞上天去。结果，小伙伴差点儿丧命，爱迪生也被父亲狠揍了一顿。

爱迪生一生以罕见的热情及惊人的精力，完成了2000多项发明，其中申请专利登记的达1328项。人们颂扬他："他虽不发明历史，却为历史锦上添花。"

亲爱的同学，你是否和爱迪生一样从小对事物充满了好奇心与兴趣呢？你的兴趣爱好是什么呢？

问号多米诺

 什么是兴趣?

兴趣, 简单来说就是人们对某种事物的喜爱。

 我的兴趣是英语。能用英语和外国朋友交流令我感到愉快。

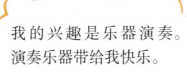 我的兴趣是乐器演奏。演奏乐器带给我快乐。

 我的兴趣是烹饪。能为家人做好吃的饭菜我感到开心。

猜一猜　兴趣爱好猜猜猜

小朋友，你知道下面图片中所表示的兴趣爱好分别是什么吗？

————————————　　　————————————　　　————————————

————————————　　　　　　————————————

————————————

填一填　兴趣爱好小调查

请选择几位同学进行兴趣爱好小调查，并完成下表。

被访问人	兴趣爱好

辨一辨　火眼金睛判对错

1. 兴趣爱好是需要不断培养的。	（　　）
2. 别人学什么，我也跟着学什么。	（　　）
3. 真正的兴趣爱好是需要坚持去做的。	（　　）

聪明智多星

同学们，兴趣好比路灯，引导你走向成功；兴趣好比船桨，带着你驶向远方；兴趣好比是一双羽翼，帮助你翱翔天际。兴趣是最好的老师，它会引你走向光明。希望同学们能保持自己对事物的好奇心和兴趣，做自己喜欢做的事。

巧思碰碰车

你打算怎样培养自己有益的兴趣爱好呢？每想出一个办法，就填写在宝塔三角里。

遨游梦秀场

1. 《好奇心：保持对未知世界永不停息的热情》，伊恩·莱斯利，中国人民大学出版社 （2017 年）
2. 《兴趣是最好的老师》，李辉、钱伟刚、卓勇，商务印书馆 （2009 年）
3. 《开启孩子的智慧之门：培养孩子学习的热情和兴趣》，凯茜·西尔、狄波拉·斯蒂佩克，四川教育出版社 （2006 年）

6. 我有好心态

尽力做好一件事，实乃人生之首务。

——富兰克林

童眼观世界

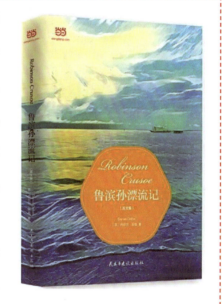

　　向来爱好航海的鲁滨孙，在一次航海中不幸遇到了大风暴！狂风巨浪向船扑去，夺走了和鲁滨孙同船的那些人的生命，只有鲁滨孙一人幸存了下来。可是他却流落到了荒岛，生活了近30年。他没有一点粮食，也没有必备的生活用品，他是怎么生存的呢？

　　鲁滨孙并没有被困难所吓倒，他先是靠几把枪打猎度日，可子弹毕竟是有限的。坚韧的他不断驯养禽兽，种植农作物，为自己缝衣、治病，甚至还无师自通地做了木桌、坛子、碗、碟、炉子等简单的家具。为了改善生活，他还用稻米做了面包。就这样，鲁滨孙在孤岛上依靠自己的勤劳和勇敢生活了很长时间，把孤岛建设成为了一个世外桃源。

　　亲爱的同学，你喜欢故事中的主人公鲁滨孙吗？为什么？你和鲁滨孙一样是个不被困难和挫折打倒的人吗？

问号多米诺

 碰到以下的情况，想一想你的表情会是什么样的呢？请画一画吧。

当你努力过，成绩却不理想的时候……

放弃，反正努力了也没用！

（　　　　　）

继续努力，争取下次取得好成绩！

（　　　　　）

当你比赛输了的时候……

责怪队友，都是他们没有配合好我！

（　　　　　）

互相鼓励，给彼此信心！

（　　　　　）

当别人误会你的时候……

告诉老师，让老师批评他！

（　　　　　）

用实际行动证明自己！

（　　　　　）

同学们，学会战胜挫折、困难和坏情绪，你才会真正开心！

活力特工队

玩一玩　运玻璃珠

活动材料：玻璃珠、筷子、小碗、汤勺。

游戏过程：1. 小组讨论，选择适合运输的小工具。

2. 比一比，赛一赛，看看哪队先运完所有的玻璃珠。

说一说

1. 使用哪个工具在比赛中更容易成功？当你看到自己的队伍选择的工具时，心里是怎么想的？

2. 比赛结束，你有什么感想？你是如何应对这样的情绪的呢？

3. 如果有队伍失败，当老师允许失败的队伍重新选择工具挑战时，你的心情有什么变化，又是怎么想的呢？

4. 通过这次小游戏，你是不是有所收获了呢？

聪明智多星

同学们，只要你愿意开动你的小脑筋，任何困难和挫折对你来说都不会是可怕的存在。越是身处困境，越需要你勇敢乐观地面对挑战，加油，相信自己，记得你永远是最棒的孩子哦！

巧思碰碰车

觉得自己很棒，并且愿意战胜生活中的困难、挫折。 ☐

在困难中寻找乐趣、收获快乐，在磨炼中锻炼、成长。 ☐

学会控制自己的负面情绪，积极面对困难和挫折。 ☐

能够正确地面对他人的不良情绪。 ☐

遨游梦秀场

1.《黑板上的难题》，克里斯汀·德尔提恩斯，河北少年儿童出版社（2016 年）
2.《模糊的皮球》，斯台芬·布农，河北少年儿童出版社（2016 年）
3.《小报童》，夫·皮尔奇，北京联合出版公司（2016 年）
4.《从前有条喷火龙》，凯特·麦克马伦，文汇出版社（2017 年）

7. 职业知多少

世上最快乐的事，莫过于为理想而奋斗。

——苏格拉底

童眼观世界

我知道职业的色彩：
面包师是白色的，
他们比小鸟儿起得早，
头发沾着白面粉；
清洁工人是黑色的；
粉刷工人是七色的；
工厂里的工人，
穿着漂亮的天蓝色工作服，
他们双手沾满了油。
懒汉们无所事事，
他们一个指头也不会弄脏，
但他们的职业不干净。

　　　　　　——贾尼·罗大里

亲爱的同学，大千世界里，每个职业都有着自己独特的色彩和气息。对此，你了解多少呢？你最喜欢哪个职业？能说说有关于这个职业的故事吗？

什么是职业?

职业,指一个人在社会生活中所从事的工作。

厨师

医生

宇航员

侦探

教师

这些职业是做什么的?

教 师	从事教育教学工作的人员。在学校里教学生知识和本领,培养学生成为优秀的人才。
医 生 护 士	从事医疗救助工作的人员。在医院里救助伤患,拯救病人生命。他们不敢有一丝疏忽大意,因为他们知道自己的一个小疏忽就会酿成大祸。
警 察	从事维护社会治安工作的人员。他们拥有强健的身体和聪明的头脑,在社会上维持治安,保护我们生命和财产安全。
主持人	在广播或电视中,出场为听众、观众主持固定节目的人员。气质好,口齿清晰,如新闻主播、晚会主持等。
运动员	从事竞技体育项目比赛的人员。在运动场上发挥自己的训练水平,展现体育风采,如姚明、刘翔等。
演 员	从事表演工作的人员。在电影、电视剧、话剧等各个舞台上表演人物,展现各种角色的魅力。
收银员	超市、商场等经营场所给顾客结账的人员。一般为人诚实、责任心强,能熟练使用收银相关设备,具有较强的沟通能力。

你还知道哪些职业？

长大了，你想做什么呀？

长大了，我想当宠物医生。

长大了，我想成为……

长大了，我想成为足球运动员。

长大了，我想成为科学家。

长大了，我想成为歌手。

亲爱的同学，你也来说一说吧！

猜一猜　职业猜猜猜

小朋友，你们知道下面图片中的是什么职业吗？他们是怎样工作的？

玩一玩　职业小体验

请你选择一个喜欢的职业，邀请同学一起演一演。

今天，我是……

今天，我是教师。我会用幽默风趣的语言传授知识；我会告诉学生们什么能做什么不能做；我还会告诉他们，要和同学和睦相处。

今天，我是厨师。我要清洁厨房，给厨具消毒，烹饪营养美食。

聪明智多星

这个世界上存在着成千上万种职业。如果一个人长大后从事的职业正好就是儿时的梦想和愿望，那么这个人的人生是快乐而有意义的。为此，我们应该从现在开始，一步一步努力，提前为将来的人生之旅做好准备。

巧思碰碰车

职业不分高低贵贱，只要付出辛勤的劳动，就值得被嘉许。

遨游梦秀场

1.《职业的色彩》，贾尼·罗大里，安徽少年儿童出版社（2014 年）
2.《职业梦想启蒙书》，赫尔德·范德尔梅尔，文化发展出版社（2016 年）
3.《职业王国大冒险》，韩尚根、李宇逸，南海出版公司（2015 年）

8. 职业万花筒

正因为喜欢，才会投入，才会愿意付出。

——郭晶晶

童眼观世界

作为国内运动员的代表，郭晶晶是跳水"梦之队"的领军人物，辉煌成绩的背后是她一步步走过的荆棘之路。

她从五岁起便开始练习跳水，在之后的运动生涯中，尽管在很多国际比赛中都取得了优异的成绩，但却始终与奥运冠军失之交臂。

巨大的压力、残酷的现实，并没有让她意志消沉、打退堂鼓。相反，基于对跳水运动的喜爱，她以坚韧的毅力和不服输的信心，更为努力地坚持训练。2004年，她终于从雅典奥运会拿回两枚金牌。而后早可以光荣引退的她，仍在2008奥运会向冠军冲刺，并获得了两枚沉甸甸的金牌，演绎了一出完美的落幕。

郭晶晶在跳板上的成功，是职业与兴趣结合的最佳体现。

兴趣是成功的奠基石，兴趣对职业发展的影响是巨大的。对职业的兴趣能让自己全身心地投入工作中，加快职业生涯发展的步伐。亲爱的同学，你了解自己的职业兴趣吗？

问号多米诺

什么是职业兴趣？

职业兴趣是兴趣在职业方面的表现，是指人们对某种职业活动具有的比较稳定而持久的心理倾向，使人对某种职业给予优先注意，并向往之。

有哪些职业兴趣？

常规型：惯于按照计划和指导做事，按部就班，细心有条理。

艺术型：乐于创造新颖、与众不同的成果，渴望表现个性，展现自己。

实践型：喜欢使用工具或机械从事操作等动手性质的工作，动手能力强。

社会型：喜欢从事对他人进行传授、培训、帮助等方面的服务工作。

研究型：喜欢探索未知领域，擅长使用逻辑分析和推理解决难题。

管理型：喜欢影响别人，敢于挑战，自信，有胆略，有抱负，沟通能力出色，擅长说服他人。

活力特工队

连一连　将职业兴趣与相应的职业连一连。

　　　　　　　常规型　　　　　　

　　　　　　　艺术型　　　　　　

　　　　　　　实践型　　　　　　

　　　　　　　社会型　　　　　　

　　　　　　　研究型　　　　　　

　　　　　　　管理型　　　　　　

做一做　求职小简历

同学们，请根据自己的职业兴趣，运用胶水、剪刀、报纸、铅画纸等工具制作一份具有自己明显职业兴趣特征的小简历。

我的求职小简历

_____

_____

_____

_____

_____

_____

_____

玩一玩　人才市场

活动流程： 同学们，请大家将从报纸上或者网络收集的招聘信息布置在"人才市场"。然后在其中找到你感兴趣的职业招聘信息，贴在自己的铅画纸上。你觉得自己现在能应聘成功吗？如果"人才市场"中没有出现你梦想的职业，可以自己设计一份这个职业的招聘信息哦！

招聘信息

_____

_____

_____

_____

_____

_____

聪明智多星

职业兴趣是一个人对待工作的态度，表现为有从事相关工作的愿望和兴趣，拥有职业兴趣将增加个人的工作满意度、职业稳定性和职业成就感。

巧思碰碰车

我的职业兴趣是 _____，它所对应的职业是 _____。

遨游梦秀场

1.《我长大了》，李美爱，中国少年儿童出版社（2014年）

2.《儿童职业体验趣味贴纸书》，夫子，现代出版社（2013年）

3.《儿童职业启蒙百科：长大后我要做什么》，陈昕，中国大百科全书出版社（2018年）

9. 职业游游乐

劳动的崇高道德意义还在于，一个人能在劳动的物质成果中体现他的智慧、技艺、对事业的无私热爱和把自己的经验传授给同志的志愿。

——苏霍姆林斯基

童眼观世界

亚伯拉罕·林肯出生在美国一个清贫的农民家庭。由于家境贫穷，在 25 岁以前，林肯为了维持家计，四处谋生，他当过摆渡工、种植园工人、店员等。在艰苦的劳作之余，林肯始终是一个热爱读书的青年。在青年时代，林肯通读了莎士比亚的全部著作，读了《美国历史》，还读了许多历史和文学书籍。他通过自学使自己成为一个博学而充满智慧的人。

后来，林肯通过自学成为一名律师，之后又成为州议会领袖。在积累了州议员的经验之后，1846 年他当选为美国众议员，后来又参加国会议员的竞选并获得了成功。1860 年 11 月，他以 200 万票当选为美国第 16 任总统。

林肯是世界历史中最伟大的人物之一，领导了拯救联邦和结束奴隶制度的伟大斗争。人们怀念他的正直、仁慈和坚强，他一直是美国历史上最受人景仰的总统之一。

亲爱的同学，你是否从小就拥有属于自己的职业梦想？你是否了解想从事的这个职业的要求？现在的你与梦想的距离有多远？为了实现这个梦想，你需要做出怎样的努力？你能为了这个梦想，一直坚持不懈地努力吗？

问号多米诺

儿童节到了，亮亮的父母带他到儿童职业体验乐园去体验大人的职业生活。一进入场馆，亮亮就被五花八门的职业迷花了眼，这里有消防员、护士、警察、医生、记者等职业。他在这里像大人一样，努力地工作赚钱，感受实际生活中的方方面面。

职业体验是通过角色扮演等形式更直观地了解不同工作的性质和作用，以及该职业所要承担的责任和应尽的义务。

小朋友，你知道什么是职业体验吗？

我可以通过哪些方式来职业体验？

直接体验：模拟或者真正到该工作场所从事相关的职业。
例如：交警、主持人、快递员……

间接体验：去相关的工作场所参观和访问，了解该职业的一些情况。
例如：飞行员、医生、运动员……

访一访　我是小记者

请选择一位家人进行职业小访问，并完成下表。

被访问人	职业名称	职业内容
被访问人对该职业的看法		

看一看　职业观察员

请你跟随家人，做一回工作小助理，记录他们一天的工作行程，体验职场的"酸甜苦辣"，并与父母一起分享你的感受吧！

职业名称：

工作主要内容：

我的感受：

_____

_____

_____

_____

_____

_____

_____

_____

_____

_____

_____

演一演　梦想大舞台

　　观察过家人职场的"酸甜苦辣"，让我们也来模拟体验一下未来"职场生活"。请以小组形式表演某种职业的工作场景。

模拟职业名称	
角色名称	扮演者

想一想　职业梦想城堡

　　想要完成属于自己的职业梦想城堡，就要打好地基，先找到合适的砖头来建造。

你给职业梦想城堡的第一块砖是什么？

努力学习　做事认真　锻炼身体　每天阅读

每天朗读半小时

每天多记五个单词　每周学做一个菜　每天垫球15分钟

　　我的职业梦想城堡是＿＿＿＿＿＿

＿＿＿＿＿＿＿＿＿＿＿＿＿＿，

我给它的第一块砖是＿＿＿＿＿。

聪明智多星

　　亲爱的同学，生活中的职业还有许许多多。不管你的梦想是什么，只要找到合适的材料，就能建造出自己的梦想城堡。愿大家都能向着自己的梦想努力前行，为城堡添砖加瓦，早日实现梦想。

巧思碰碰车

我给梦想城堡的第二块砖是＿＿＿＿＿＿＿＿＿＿＿＿＿＿＿＿＿，

第三块砖是＿＿＿＿＿＿＿＿＿＿＿＿＿＿＿＿＿＿＿＿＿＿，

第四块砖是＿＿＿＿＿＿＿＿＿＿＿＿＿＿＿＿＿＿＿＿＿＿，

……

遨游梦秀场

1. 《职业体验贴贴乐》，稚子文化，吉林出版集团股份有限公司（2017 年）
2. 电影《疯狂动物城》，拜恩·霍华德、里奇·摩尔、杰拉德·布什导演（2016 年）
3. 职业体验场所推荐：星期 8 小镇

10. 岗位我能行

人生须知负责任的苦处，才能知道有尽责的乐趣。

——梁启超

童眼观世界

　　萱萱平时做事严谨、热心助人。自从担任了班级图书管理员的职务后，对这个服务岗位十分热爱，千方百计要为同学服务好。她带头从家里拿来了一大叠书，献给班级图书馆，同时向同学们宣传"捐献图书、共享资源"的意义，很快得到了大家的响应。班级小小图书馆里的图书越来越丰富。

　　为了能更好地做好图书管理员的工作，在老师的帮助和指导下，她将图书编号，便于整理、分类和进行借阅记载。每周详细地记录同学们的借阅情况，利用课间整理、打扫书架。她还经常记录下同学们爱惜图书的行为，及时向班主任汇报，让班主任利用晨会时间给予表扬，为同学们树立好的榜样。
学期的最后两周，她将所有外借的图书收回，清理后归还给图书的小主人。大家都称赞萱萱是最佳管理员。

　　亲爱的同学，萱萱适合图书管理员这个小岗位吗？为什么？同学们为什么称赞她是最佳管理员呢？她有哪些做法值得我们学习？

问号多米诺

什么是小岗位？

班级中的小岗位给我们搭建了成长的舞台。我们可以根据自身的性格特点，选择适合自己的小岗位，为大家服务，为集体尽责。

我们的集体中有哪些小岗位？

金牌领操员

节能小管家

讲台美容师

窗帘管理员

垃圾清道夫

黑板美容师

护绿环保师

矛盾调解员

原来这些小岗位涉及校园生活的方方面面，不同的岗位有不同的职责和要求。

如何做好自己的小岗位呢?

一个小岗位，一份大责任，
选择小岗位，发挥好特长，
服务要热情，工作要尽责，
互助加合作，争当小主人。

活力特工队

 找一找

班级中哪些地方需要小岗位？你能给这些小岗位取一个好听的名字吗？

岗位名称：
服务内容：

岗位名称：
服务内容：

岗位名称：
服务内容：

我们都找到
小岗位了!

岗位名称：
服务内容：

岗位名称：
服务内容：

故事中的小玲为什么选择做"板报设计师"?

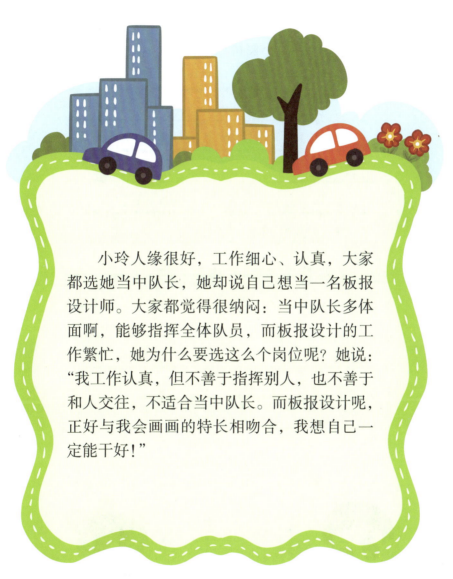

　　小玲人缘很好，工作细心、认真，大家都选她当中队长，她却说自己想当一名板报设计师。大家都觉得很纳闷：当中队长多体面啊，能够指挥全体队员，而板报设计的工作繁忙，她为什么要选这么个岗位呢？她说："我工作认真，但不善于指挥别人，也不善于和人交往，不适合当中队长。而板报设计呢，正好与我会画画的特长相吻合，我想自己一定能干好！"

只有找到合适自己的小岗位，才能发挥更大的作用。

写一写

你喜欢做什么？你擅长做什么小岗位？请你写一份小岗位自荐信。

小岗位自荐信

_____

_____

_____

_____

_____

_____

_____

_____

_____

_____

_____

_____

聪明智多星

我们都知道集体的事情要靠大家一起做，让我们一起来寻找班级中的岗位，制定小岗位职责。要学会找到适合自己的岗位，在实践中学会持之以恒、关爱他人、互助合作。

巧思碰碰车

我喜欢＿＿＿＿＿＿＿＿＿＿＿＿＿＿＿＿＿＿＿＿＿＿＿，

我擅长＿＿＿＿＿＿＿＿＿＿＿＿＿＿＿＿＿＿＿＿＿＿＿，

我愿意为大家做＿＿＿＿＿＿＿＿＿＿＿＿＿＿＿＿＿＿。

遨游梦秀场

1. 纪录片《大国工匠》，吴晓江导演（2015 年）

11. 时间规划师

儿童的时间应当安排满种种吸引人的活动，做到既能发展他的思维，丰富他的知识和能力，同时又不损害童年时代的兴趣。

——苏霍姆林斯基

童眼观世界

东晋著名书法家王献之在七八岁的时候就开始学习书法，他的第一个老师是他的父亲王羲之。

到了十来岁的时候，王献之认为他的书法已经写得很好了。一天，他把自己的得意之作给父亲看，父亲没有回答，而是在他写的"大"字下面加了一点，成了"太"字。王献之见父亲没有说话，闷闷不乐地把作品给母亲看，母亲看了很久，说道："我儿练了这么久的字，只有这一点像你的父亲。"献之一看，母亲指的那一点竟然就是父亲刚才加上去的那一点。王献之顿时感到十分羞愧，于是开始更加勤奋地练习书法。最终，他学有所成，成为了一代书法大家。

亲爱的同学，为什么王献之把自己的得意之作给父亲看，但父亲没有回答呢？你觉得是什么促使王献之不断努力，最后成为一代书法大家？

问号多米诺

在你的学习生活中有没有遇到过这样的困扰？

尽管自己已经很努力地学习了，却总是达不到理想的成绩，学习效果为什么这么糟糕？好灰心呀。

不少同学不仅学习好，课余生活也丰富多彩，可有的小朋友却说自己根本没有时间进行课余活动，到底该如何安排时间呢？

啊，暑期快结束了，还有好多作业没有完成，怎么办呀？快开学了，又要八点钟到校了，起不来，怎么办？

仔细想一想，在你的学习中、生活中是否会遇到以上困惑？你有没有羡慕过身边的同学能合理地安排学习和课余生活时间？如何才能真正做到自己的学习生活自己做主呢？

如何安排学习生活时间？

时间是有限的，在生活学习中，我们应该合理安排学习和休息的时间，使得时间效益最大化，达到让自己的学习生活更丰富、更合理的目的。

为什么要制定学习生活计划？

要做到合理分配时间首先要定一个计划。这个计划可以是短期计划，也可以是长期计划。通过计划合理安排时间和任务，使自己达到目标，也使自己明确每一个任务的目的。

计划中可以安排哪些内容？

每天起床、睡觉的时间：
小学生应保持十小时的睡眠时间。

每天的学习时间：
小学生应做到思想集中、认真听讲。

每天体育锻炼的时间：
小学生应保证每天一小时
的体育锻炼时间。

每天复习、完成作业的时间：
小学生应努力做到仔细钻研、
独立思考。

周末学习生活的时间：
适当学习和外出活动，放松
自己，开阔眼界，发展爱好。

计划实施中遇到困难该怎么办？

1. 遇到问题，要动脑筋解决，不要随意终止
   计划。
2. 及时向身边的人请教，有效地沟通交流。
3. 制定一些小目标或一些短期计划。

想一想　一周内能实现的一个小目标

试一试　制定一天的学习生活计划

演一演　爸爸妈妈听我说……

　　不少同学的周末活动都是爸爸妈妈帮你安排好的，尝试说服父母在周末至少安排一项你感兴趣的活动吧！

 聪明智多星

　　同学们，你们都是各自生活的小主人。学会合理分配、安排自己的学习、生活时间，养成良好的学习、生活习惯是我们获取知识、享受生活，最终取得成功的关键法宝。

　　在今后的学习生活中，要学会把握时间、自我规划，学会选择，取得全面的发展，希望大家都能拥有快乐的学习生活，开开心心地过好每一天！

 巧思碰碰车

　　记录一至两件在你学习生活中发生的你觉得很有意义的事情。

_____

_____

_____

 遨游梦秀场

1.《丁丁上学记 1：让小学生受益一生的 60 种优秀学习习惯》，刘蕾，湖北教育出版社（2010 年）
2.《哇！学习原来这么好玩》，张恒旗、葛靖维，北京联合出版公司（2014 年）
3.《兴趣是最好的老师》，李辉等，商务印书馆（2009 年）
4.《培养你的兴趣》，马志国，中国水利水电出版社（2007 年）
5. 电影《跳出我天地》，史蒂芬·戴德利导演（2000 年）

12. 小小梦想家

每个人都有一定的理想，这种理想决定着他的努力和判断的方向。

——爱因斯坦

童眼观世界

他是鞋匠的儿子，从小忍受饥饿的煎熬和富人的嘲笑。他是个爱做梦的孩子，梦想有朝一日能通过努力摆脱歧视，成为受人尊重的人。他把大多数时间用来读书，听父亲讲《一千零一夜》。父亲去世后，母亲要他去当裁缝学徒，他哭着讲了许多出身贫寒的名人故事，哀求母亲允许他去哥本哈根，那里有皇家剧院，他的表演和写作天分也许会得到赏识："我梦想成为一个名人，但我知道得先吃尽千辛万苦！"就这样，14岁的他带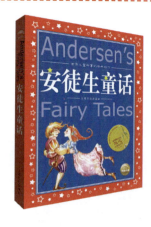

着最最重要的"行李"，两手空空地踏上了寻梦之路。在哥本哈根，他的梦想之火一次次遭遇瓢泼冷水，但每当梦想之火濒于熄灭之际，他就会一遍遍地告诉自己：我并不是一无所有，至少我还有梦想，有梦，就有成功的希望！他笔耕不辍，终于在第15个年头以小说《即兴诗人》一举成名，接着出版了《讲给孩子们的童话》，其中很多故事都收集在我们现在读到的《安徒生童话》中，奠定了他作为一名世界级童话作家的地位。

亲爱的同学，你猜到他是谁了吗？他做了怎样的选择？他带着的最最重要的"行李"是什么？人生就像一场远行，可以两手空空，什么行李也不带，但一定要带上你的梦想。你的梦想是什么？遇到挫折你会做出怎样的选择？

问号多米诺

你听说过"人生规划"吗？

"人生规划"既是一个实现你终生目标的时间表，也是一个实现那些影响你日常生活的、无数更小目标的时间表。

我们需要"人生规划"吗？

那些最成功和对自己生活最满意的人有一个共同特点：都有一个明确的梦想，都致力于实现一个超越自己当年能力的目标。

"人生规划"的设计是要使你的注意力集中起来，在一个特定的时间范围里充分利用你的脑力和体力。事实上，注意力越集中，脑力和体力的使用就越有效。

"人生规划"可以合理地分配你的精力。

目标

你会设计"人生规划"吗？

计划

调整　　梦想　　执行

反思

活力特工队

说一说　我的未来不是梦

我的特长

我的好习惯

我的亲友团

我的梦想
（人生终极目标）

写一写　我的职业我做主

未来社会
需要的职业

我希望
从事的职业

画一画　未来的我

瞧，这就是未来的我！

想一想　做自己的人生规划师

未来的我：

我的大学目标：

我的中学目标：

我的小学目标：

聪明智多星

"童话巨人"安徒生用梦想点燃了自己,用童话征服了世界。正是因为有梦想,而且在困难面前从不轻易熄灭梦想之火,他最终在寻梦之路上得到人生丰硕的回报。对我们小学生来说,目前学习是首要任务,但我们要知道为什么学习,自己要到哪里去。有了梦想,学习过程中会收获更多的幸福感。

在根据自己的特长、愿望和社会发展的需要做出选择和规划时,可以多和"亲友团"交流,特别是我们的爸爸妈妈。我们的性格来源于他们的教育,他们最懂我们的心,可以帮助我们进行人生规划,可以帮助我们实施人生规划,因此他们的建议最值得我们参考。

梦想是人生的终极目标,需要脚踏实地通过一个个短期目标去实现。让我们从一个个小目标做起,一步一步给自己美好的未来储蓄能量!

巧思碰碰车

我喜欢＿＿＿＿＿＿＿＿＿＿＿＿＿＿＿＿＿＿＿＿＿＿＿＿,

所以未来的我会＿＿＿＿＿＿＿＿＿＿＿＿＿＿＿＿＿＿＿＿＿＿＿,

我会为社会作出这样的贡献:＿＿＿＿＿＿＿＿＿＿＿＿＿＿＿＿＿。

但我还有一些坏习惯,比如＿＿＿＿＿＿＿＿＿＿＿＿＿＿＿＿＿＿,

我一定努力改正,好好学习,天天向上!

我已经确立了几个成长小目标:

第一,＿＿＿＿＿＿＿＿＿＿＿＿＿＿＿＿＿＿＿＿＿＿＿＿＿;

第二,＿＿＿＿＿＿＿＿＿＿＿＿＿＿＿＿＿＿＿＿＿＿＿＿＿;

第三,＿＿＿＿＿＿＿＿＿＿＿＿＿＿＿＿＿＿＿＿＿＿＿＿＿。

我要从一个个小目标做起,一步一步给自己美好的未来储蓄能量!

遨游梦秀场

1.《小学生必读的名人传记》(共8册),张丽丽,北京教育出版社(2016年)

2.《我有好习惯——让我越来越棒的故事》(共8册),孙锐,北京教育出版社(2017年)

3.《我最好的第一堂社会认知课》(共6册),郑素泳,吉林美术出版社(2014年)

4.《我的职业梦想》,席乐薇·珊莎,河北科学技术出版社(2016年)

5.《超级梦想家系列》(共6册),韩春燕等,五洲传播出版社(2017年)

后　记

　　这是一本帮助学生更好地认识自己、规划人生的读本。小学阶段的学生处于生涯发展的启蒙阶段，这个阶段发展得顺利与否可以影响到人的一生。本书遵循小学生的身心发展特性和生涯发展特点，引导学生为自己探寻"我是谁?""我喜欢什么?""我擅长什么?""我往何处去?""我如何去?"等问题的答案，并且着力帮助小学生澄清自身价值与需求，培养自我规划的意识，使其自我探索和规划能力有所提升。

　　近年来，杨浦区积极开设生命教育系列课程。"生涯规划能力的培养"是其中的重要内容。该课程贯穿小学、初中、高中至大学，学生通过阅读读本、体验课程、参与活动，学会自我澄清，明确目标，实践规划。

　　"生涯教育系列课程读本"以小学、初中、高中学段划分，分为《启梦——我的生涯早知道》《启志——我的生涯我探索》《启航——我的生涯我做主》三册。

　　《启梦——我的生涯早知道》是"生涯教育系列课程"小学学段的课程读本。它针对小学一至五年级的学生，围绕"自我塑造""职业探索"和"选择规划"三个主题，设计了内容丰富、形式多样的课程内容；"童眼观世界"通过生涯小故事引入主题；"问号多米诺"链接相关生涯规划知识点；"活力特工队"开展多种活动探索；"聪明智多星"总结感悟体验；"巧思碰碰车"小结反思收获；"遨游梦秀场"提供拓展阅读资料，六大模块环环相扣，共同助力学生规划发展。翻阅读本，学生会对生涯规划发展产生更清晰的认识，拓展了新的方式方法去提升自己的规划能力，希望这个"生涯启梦之旅"能帮助学生们开启人生的奇幻之旅，不断地去探索、发掘自己的宝藏人生。

　　本课程是由杨浦区教育学院德育室领衔，由上海交通大学附属中学"生涯发展联合研训基地"主持，11 所基地学校三年共同实践与探索的研究成果。本册《启梦——我的生涯早知道》凝聚了打虎山路第一小学、昆明中小学（小学部）、育鹰学校（小学部）和控江二村小学四所学校教师们的智慧。感谢杨浦区相关领导对生涯课程推进的重视，感谢生涯基地学校领导对课程的支持，感谢一线教师们对生涯课程的付出。同时，更要感谢多年以来对生涯基地研究工作给予专业指导的上海市教育科学研究院研究员、上海学生心理健康教育发展中心副主任沈之菲老师，杨浦区教育学院正高级、特级教师戴耀红老师。当然，我们的读本还有不足之处，敬请专家、同行与读者指正。

希望《启梦——我的生涯早知道》能帮助学生习得自我探索、规划成长的方法，挖掘自身的积极心理潜能，提升自我效能感，让成长过程变得更美好！